O que aprendi na vida
do CHÃO ao CORAÇÃO

50 passos no caminho do AMOR e da GRATUIDADE

MARRIETE ARAÚJO

Luziânia, Goiás, 2024
1ª edição

Coleção – V. 2

© **O que aprendi na vida**
DO CHÃO AO CORAÇÃO:
50 passos no caminho do
AMOR e da GRATUIDADE

PREFÁCIO
Suely Carvalho

APRESENTAÇÃO
Marriete Araújo

EDITOR / ORGANIZADOR
Jorge Hamilton Sampaio
MEI: 55.400.491/0001-50
Estrada Editora

ISBN
978 -65-985438-1-5

**Dados Internacionais de Catalogação
na Publicação (CIP)
(Câmara Brasileira do Livro, SP,
Brasil)**

Araújo, Marriete
    O que aprendi na vida : do chão ao
coração
[livro eletrônico] : 50 passos no caminho :
do amor e da gratuidade / Marriete Araújo. –
Luziânia, GO : Estrada Editora, 2024.
    PDF

    ISBN 978 -65-985438-1-5

1 . Araújo, Marriete 2. Mulheres -
Autobiografia
3. Mulheres –Memórias autobiográficas
4. Mulheres - Histórias de vida 5. Relatos
pessoais
6. Superação
I Título.

2424583   CDD – 920.72

Índice para catálogo sistemático:
1 Mulheres : Autobiografia   920.72
Aline Graziele Benites - Bibliotecária CRB-
1/3197

DEDICATÓRIA

Aos meus pais,
Neuza Araújo da Silva e
Irineu Pereira da Silva
In memoriam
sempre me ensinaram
sobre amor, respeito e
partilha.

AGRADECIMENTOS

Primeiramente a Deus,
por ser o criador da minha
existência.

A Jorge Hamilton Sampaio
por ter se interessado nos
escritos e ter colocado em
prática a ideia de publicar o
livro.

A minha cunhada, Suely
Carvalho,
por insistir que registrasse
meus versos.

À família, amigos e amigas,
que são fontes inspiradoras do
conteúdo das poesias.

PREFÁCIO

Suely Carvalho

Sonhos Possíveis: Uma
Jornada de Coragem,
Empatia e Resiliência!

Este livro nos apresenta
um testemunho poderoso
da força dos sonhos, de se
reinventar, de recomeçar,
da importância do amor
como gratuidade, de
nunca desistir.

Marriete Araújo, a doce
Marri, nos compartilha
sua história de superação,
de amor e justiça,
mostrando que, mesmo
diante de obstáculos, a
coragem e a determinação
podem se transformar em

sonhos e dores em poesia. Ela nos leva a perceber a vida e suas nuances pela lente de uma pessoa que ama profundamente o ser humano e sempre busca extrair o melhor das pessoas. Nestas páginas, você encontrará narrativas poéticas emocionantes de autodescoberta, resiliência e luta pela realização dos desejos.

Um exemplo bem vívido de quem é Marriete Araújo e seus escritos está no seu poema **"É agora, José"**, com a coragem de um diálogo cara a cara com Drummond ("José"), em que ela suspende as brilhantes provocações do clássico autor de desafiar o pobre José, que perdeu tudo, a responder a si mesmo sobre o que fazer com sua vida: "E agora José?".

O texto de Marriete, igualmente brilhante, inverte o desfio de Drummond defendendo a ideia de que, mesmo com todas as agruras e infortúnios porque passa o personagem, o chama para fugir de perguntas sem respostas – e sem sentido, para viver seu momento, seu agora - pois o ontem e o amanhã ele não o tem, convidando-o para celebrar a vida, para se vestir de alegria, dançar, perder, ganhar, viajar, apreciar momentos importantes, entrar pelas portas abertas, aprender com a memória, saber que não está sozinho, partilhar a vida, abraçar, beijar, proclamar seu grito de amor, saber se perdoar, ousar a errar, não ser carrasco de si mesmo, aceitar seu cansaço, encontrar apoio pra repousar, espalhar carinho, aproveitar o tempo e mais um punhado de virtudes que fazem a vida valer a pena como se percebe em todo poema, terminando o texto ao chamar o humano José à viver a vida e sua realidade por meio de linhas simples, singelas e profundas, que caracterizam seus textos: *Hoje o dia amanheceu para ti. Um brinde. Haverá um dia em que o dia irá amanhecer para ti, mas tu não amanhecerás para ele. Então, um brinde à vida enquanto há vida em ti. É agora, José! Agora!*

Nas poesias de Marriete, a autora nos leva a lhe acompanhar em uma jornada desde sua infância, repleta de amor, sonhos, lutas, ganhos, perdas, vitórias, derrotas, sempre com o pé no chão, até sua trajetória como Escrivã de Polícia no belíssimo poema **"Depoimento"**, desafiando estereótipos e provando que a força vem da vulnerabilidade, da diversidade e do improvável.

A autora nos leva a uma imersão carregada de sensibilidade na alma humana, nos convidando reacender a chama da esperança e acreditar no poder dos sonhos, da capacidade de recomeçar todos os dias apesar das mazelas da vida. É também um lembrete de que a coragem não é ausência de medo, mas sim a capacidade de enfrentá-lo com força, determinação e amor.

Embarque com Marriete nesta jornada inspiradora e descubra que, sim, é possível sonhar acordada e lutar para conquistar o que se deseja, não com a fragilidade dos cristais, mas com a rocha do amor, como ela mesma escreve em "Dádiva":

Exala nos dedos

e extremidades
e juntas
e articulações
e corpo todo
uma doçura gentil
que os imbecis
confundem
com fragilidade de
cristais.
É, porém, a rocha
do amor:
Dádiva dos
normais.

APRESENTAÇÃO

AMORAÇÃO
(Marriete Araújo)

O amor não é apenas uma
sensação.
É ação.
Uma via de mão dupla,
na qual o egoísmo estará,
sempre,
na contra mão.
Não é apenas dizer:
"Te amo"
É Amoração.

Eu escrevo desde menina. Tenho um gosto especial para colocar em palavras minha visão de mundo e as minhas experiências. Escrevo como uma vocação, um chamado que faço a mim mesma, que vem das profundezas do coração, ou da alma, sempre com os pés no chão. Confesso que não sei bem a diferença entre os dois. Sei, contudo, que escrever pulsa em mim e não consigo – nem quero – parar.

Contudo, por timidez ou outro estado de ser que não consigo nomear, partilhei muito pouco dos meus escritos. Só o fiz com pessoas queridas muito perto de mim, familiares, amigos, amigas, colegas de trabalho que, com mais frequência do que eu supunha, me diziam que eu deveria continuar escrevendo, uma vez que muitas pessoas poderiam se beneficiar com minhas palavras, grafadas em algum lugar que tivessem mais alcance. Um amigo querido me disse que foi um "desperdício" privar outras pessoas do que sai da minha pena. Talvez ele tenha razão, mas só o leitor, a leitora poderão confirmar ou não os bem-ditos sobre os meus textos.

Assim, com a força e incentivo que recebi de algumas pessoas que eu considero confiáveis e são amadas, tomei coragem e decidi publicar esse livro, com a edição de Jorge Hamilton Sampaio e publicado pela Estrada Editora.

O livro é uma obra literária que tem licença poética. Ele narra, em estilo de poesias, minha jornada pessoal -

existência, meu ser, meus pensamentos,
sentimentos e ações ao explorar temas em busca por relacionamentos leves, pautados nas trocas suaves, valorizando o que mais prezo em minha existência: o amor devocional, a doação espontânea, o pé no chão – escapando depressa do engodo do amor romântico. Em uma expressão, escrevo sobre o amor gratuidade na vida cotidiana, real, concreta, que vai do chão ao coração, sem levar em conta cobranças ou retribuições.

Minha intenção é a de mostrar ao leitor, à leitora, a humanidade presente em cada pessoa, deixando de lado os rótulos, bem como respostas prontas às exigências estabelecidas por padrões sociais. Revelar ou desvelar que, na simplicidade diária, o ser humano é como ele é, sujeito a erros, e acertos.

Não creio nos jargões modernos de que se pode alcançar a perfeição, bastando apenar o querer. Entendo que a vida é bem mais complexa que palavras que induzem as pessoas à possibilidade de felicidade plena, um mundo onde não há sofrimento. Tais palavras, em minha visão, só fazem aumentar a culpa de não se conseguir os que os gurus dos tempos modernos prometem.

Esses textos que reparto com você trazem a premissa de que cada pessoa pertence ao Todo. Sendo parte do Universo, cada ser é único em sua beleza e, ao mesmo tempo, com percalços e fragilidades inerentes a todos, o que nos torna, ao mesmo tempo, iguais no que se refere à humanidade.

Cada poesia aqui grafada – e o livro como um todo, são uma mistura de componentes reais que integram razão e emoção como ingredientes que entendo, desde a alma, serem necessários para uma vida mais leve e mais real, explorando pontos sobre respeito, amor, empatia, paz, alteridade, devoção, cuidado, partilha e o outras virtudes que me parecem ser necessitamos para o bem-viver.

Tenho a esperança de que o leitor, a leitora, poderão encontrar nas palavras que expresso nos textos um encontro consigo mesmos; e que possam agregar ao seu estilo particular de vida um pouco mais de vontade e de ação para a unidade na diversidade com o outro.

Mas antes de você continuar a leitura, deixo um carinhoso alerta: Só o faça se você é daquelas pessoas que gostam prosas poéticas, admiram linguagem da alma e

constroem uma existência
de AMORAÇÃO!

Sumário

POESIAS

A força do amor

(Marriete Araújo)

Amor:
respeito,
cuidado,
sensibilidade,
olhar atento.
ouvido alerta,
abraço caloroso
e tantas outras virtudes.
O mundo está cheio
demais de mazelas.
Ser afetuoso não fragiliza,
tampouco nos deixa
vulneráveis.
Ser amor na vida
é ser azeite para as feridas
da alma.
Ser amor na existência,
é estar munido da mais
forte proteção.
No amor há as intenções
mais nobres.

O amor segrega o ódio
e nos livra de viver como
mortos
ainda estando vivos.

A graça da partilha

(Marriete Araújo)

Do que consiste
este emaranhado de coisa
que é a vida?
O que é além das risadas
que damos
e das que arrancamos de
alguém?
O sentido amplo de nosso
viver
é ceder à vida,
se entregar a ela,
sem reserva alguma,
com total singeleza
e ampla singularidade.
Às vezes muito se perde
tentando achar o ponto
perfeito,
a foto perfeita,
o *status* que será mais
curtido.
Assim, se vai deixando de
curtir a vida,

na real e pura
simplicidade humana,
que faz de cada instante
o mais valioso e o mais
mágico possível
e apreciar cada minuto de
existência.
A vida não consiste em
dar graças a cada respiro?
Não é necessário esperar
o momento ideal
para desfrutar as
maravilhas que temos.
À nossa disposição já
temos a vida,
única,
singular,
ligeira.
Espalhar por aí frutos de
esperanças e
saber ajudar alguém com
atenção e cortesia
e de boas notícias
é a nossa missão.
É um tempo valioso e de
forte energia,

ser paz,
calmaria
e um toque suave aos
ouvidos de alguém.
Nossas palavras de
encorajamento,
nossa disposição em
ajudar
nossa escuta atenta,
nossa companhia
são capazes de mudar o
cenário de alguém.
A vida é mesmo essa graça
de rir,
chorar,
andar,
não desanimar
e levar ao outro um
momento de conforto,
resgatando sua solitude
Porque, como já se pôde
notar,
viver é o resultado do que
fazemos
com as oportunidades que
a vida nos dá.

Há algo que valha mais
do que partilhar as
alegrias que damos
e conseguirmos tocar uma
alma?
A vida é a simplicidade de
amar a partilha.
É a partilha de amar a
simplicidade.

A imensidão do mar.

(Marriete Araújo)

Nós fomos acostumados a
olhar a imensidão do mar.
E de tão grande, apenas
olhar.
Às vezes, molhar os pés.
Mas a vida nos convida a
mergulhar.
Deus nos convida a ir
mais fundo.
Imagina quando o mar
está agitado,
e vêm inimigos atrás, nos
perseguindo?
O desespero pode nos
intimidar,
mas sabemos que há o
Deus que abre o mar.
E a gente passa.
Temos de crer.
Se há uma imensidão à
nossa frente,

ainda devemos seguir.
Conhecemos mais sobre o
Deus
que nos faz andar sobre as
águas.
É preciso ter ousadia e
coragem
ante a imensidão do mar.
Quem nos chama,
quem nos manda: "vai!"
é Aquele que o mar o
obedece.
Então por que, certos
momentos, paramos?
Temos de crer naquela
palavra que nos diz:
"Não temas".
É preciso avançar!
A imensidão do mar
é uma oportunidade de
chegar
em algum lugar mais do
que prometido.
E quão grande parecem as
ondas

quando vemos a revolta
do mar.
Maior é Deus.
Meu Deus maior que a
imensidão do mar.

A multiforme graça

(Marriete Araújo)

O mundo é bom, graças.
Graça que é, às vezes,
característica de quem é
alegre.
Quando achamos que a
vida já nos mostrou de
tudo,
ela vem e nos arrebata.
Arregala os olhos,
os ouvidos,
aguça os sentidos
e sentimos.
Esse ano os dias
começaram parando.
Janeiro, para alguns, foi
quase eterno.
Já fevereiro, tão terno,
está voando.
Dance, um brinde à vida e
à alegria de viver.
Não é por acaso,

mas um caso vou te
contar.
Parece que estamos
energizados
e esse ano promete.
Há tantos sonhos para
tirarmos do armário.
Tirarmos da gaveta algo
que há tempos não
usamos.
E quem sabe doamos?
Em tempo frio,
bom é aquecer o pé de
alguém e,
com certa harmonia,
talvez,
até um coração.
Eu me interessei por
histórias.
Ouvi contos.
E já te conto.
Parei para ouvir a história
de alguém.
Isso inspira.
Se olharmos com cuidado
o nosso semelhante,

perceberemos que alguns
não caminham
por conta da falta de
mobilidade.
Porém, voam como
pássaros coloridos,
pois seus sonhos têm asas
fortes.
Ah, nesse mundo muitos
não veem.
Mas a gente nem imagina.
Muito mais que passar o
olho diante da vida,
esses mesmos enxergam,
e sentem
e transmitem singeleza
e leveza de coração.
Às vezes penso que eu
poderia me queixar,
reclamar das mazelas da
vida.
Todavia, é melhor
silenciar meu murmúrio
 e apenas agradecer a
dádiva de viver.
Pare, agradeça.

Faça uma prece.
Dê graça.
A graça como presente
que não se precisa pagar
algum valor.
Temos de graça o ar,
o sol,
a chuva,
a lua que cobre todos
indistintamente.
E por causa disso eu digo:
Graça aqui é gratidão.
Nossos amigos
irreverentes que fazem
piadas sem graça.
E graça, aqui, é sem
humor mesmo.
Ainda assim os amamos.
Brindamos.
Abraçamos uns aos outros
e apoiamos as dores
coletivas.
Cada um de nós é um
mundo em si.
E em cada um cabe o
mundo.

E por falar em mundo,
temos a graça divina.
E, aqui, graça é dádiva.
E isso não vem de nós.
É dom de Deus, é vida.
E vamos andando e
seguindo.
E escrevendo mais um
capítulo dessa vida.
Desejando que esse ano
seja cheio de desafios
e muita força para vencer.
Respirar fundo.
Agradecer.
E não passar
despercebido com a vida
e com as pessoas que
cruzam nosso caminho.
E não deixemos de
perguntar, volta e meia,
o nome de alguém que
passa pelo nosso dia.
Como é seu nome:
- Graça.
E, aqui, Graça é o nome
da moça.

Tenho em minha
memória o que já nos foi
instruído:
"Por tudo dai Graças".
Graça alegria.
Graça vida.
Graça favor.
Graça perdão.
Graça gratidão.
Graças a Deus.
Um ano novo cheio de
graça para todos nós.
Graça multiforme.

A poesia é você

(Marriete Araújo)

Eu não sou poeta.
Poesia é você.
É te olhando
que me vêm as palavras
de ternura e de amor.
Você é que é a inspiração
da poesia.
As palavras apenas se
unem
nesse enredo gostoso que
é você.
Eu não sou poeta, a poesia
é ver você.
É sentir seu cheiro pelo ar
e andar ao seu lado,
cúmplices do bem querer.
A lira perfeita de te tocar.
O soneto da felicidade.
A cor bela nesse olhar.
A prosa poética.
O conto divertido de se
ler.

A crônica de viver a vida.
Seus lábios sãos versos
convidativos
para as palavras e algo
mais.
Um beijo suave no
coração.
Suas mãos são um livro
aberto,
uma mistura de força e
delicadeza
que me pega nos braços
e me desfaz de qualquer
preocupação.
Seu abraço, bem forte,
e seu corpo, tão firme,
são repouso para minha
mente.
Eu não sou poeta,
apenas você é que me
arranca palavras
que me fazem desejar ser
poeta.
A poesia é você.

A sabedoria do silêncio

(Marriete Araújo)

Ando tropeçando nas
palavras.
Nunca tropecei tanto
como agora.
E esse tropeçar me tem
causado danos.
São feridas finas, como
esfolado, parecem
imperceptíveis, mas estão
aqui, criando o caos.
Ando tropeçando nas
palavras
duras e impiedosas
que ouço aqui e ali e por
onde ando. Venenos que
se destilam, crateras que
se abrem, destroem,
cortam a alma
me fazem cair.
Ando tropeçando nas
palavras, nas que engulo,

e nas que digo sem
pensar.
Há um sufoco marcante
quando deixo de me dizer
o que me incomoda.
Mas os silêncios que
preservo
em palavras não ditas,
muitas vezes,
estão criando sinais de
sabedoria em mim.
Ando tropeçando nas
palavras,
com receio de falar
comigo mesma e
medo da severidade que
me imponho
de saber, bem certo, o que
digo.
Prefiro me calar para
poder me dizer.
Ando tropeçando nas
palavras.
Onde estão as palavras
bem-ditas?

Por que as palavras de
amor são não ditas?
Eu quero um grito que me
acorde
Em palavras de afeto,
palavras de doçura,
palavras sinceras
livres, sem tropeços,
palavras que me ponham
em pé.
Ando tropeçando nas
palavras.
Então acalmo a minha
alma
Com palavras do meu
silêncio profundo,
que me refugia,
e me diz que,
pelo menos, nunca tanto
como agora,
a palavra que me dá
sentido
é a sabedoria de ficar
calada.

Amor, amor!

Marriete Araújo

Amor,
palavra pequena, de
significado grandioso.
Para uns de muito fácil
acepção,
para outros,
extremamente complexa.
Desde cedo convivemos
com esse sentimento
que representa muitas
coisas:
Amor de família.
Amor de amigos.
Amores de vida.
Amor de amores.
Mas como descrever,
algo que necessita resistir
às mudanças e,
ao mesmo tempo,
essencialmente, ser tão
imutável?

O amor é como a
trajetória que
aprendemos na física:
depende do ponto de
vista.
O amor pode ser quente,
pode ser fogo.
Quando é de paixão
malsucedida, causa o frio.
Complicado falar desse
sentimento que perturba,
aflora,
demora,
controla,
apavora
evapora.
Fácil é falar desse amor
que
é de essência límpida,
honrosa,
que toma a alma,
sossega o peito,
nos melhora,
cuidando de nossas
amarguras,
nossas durezas,

e insensibilidades.
Se o sentirmos crescer no
coração, uma única vez,
poderemos, de fato,
domar e domesticar
nossas incontroladas
faltas de calor,
ou mesmo aquietar a fera
que há em nós.
Quando descobrimos
o amor,
no início é montanhoso
demais,
somos egoístas até,
ao pensarmos que ele só
seria nosso,
quando, na verdade,
não temos coração
suficiente para comportá-
lo,
porque amor vem
atrelado
a uma séria de outros
companheiros
e ele é imenso e espaçoso
demais.

Não há como dizer amar,
sem carregar
o que o amor traz.
Quando o amor chega,
vem também calma, e
vem voz aveludada, ora
firme, ora mansa.
vêm carinhos sem
tamanho,
vêm mimos e capacidade
incansável de zelar,
vêm arrepios,
frios na espinha,
voz embargada,
risadas;
choros,
consolo,
doçura, cumplicidade,
segurança,
compreensão e tantas
outras virtudes
que não deixam
o amor ficar frágil.
O amor, sozinho,
não suporta crises,
nem dias de estresse,

nem contratempos.
O amor é amplo,
depende de outras
companhias
todas outras que há neste
mundo.
O amor vai além do belo
amor Eros
que queima, arde e
fortalece.
Ele é sublime na forma de
amor Ágape,
sempre generoso
que se dedica ao outro
além dos nossos próprios
interesses.
Tem a leveza do amor
Aión,
alegre e livre como riso de
criança.
Quando aprendemos a
amar
valorizamos as pequenas
coisas:
aquele abraço contagioso,

aquela terapia presente na
alteridade,
aquela imunidade de
aborrecimentos e tensões,
aquele fluir a calma em
nosso sangue,
aquela doçura em nossas
palavras,
aquela gentileza em
nossos gestos.
E esse amor é
contagiante,
passa como corrente ao
ser praticado,
é transmitido de coração
em coração,
impregnado na alma e no
corpo.
Toca, sem temor, de mão
em mão.
Amor:
complexo,
simples,
contraditório,
pleno,
frágil,

indecifrável.
Conjunto de emoções,
ações,
reações,
transformações,
bendições.
Amor, dom que
recebemos para sermos
felizes
e ajudarmos na felicidade
do outro.
Nosso mundo precisa
de amor.
Nosso mundo precisa
amar.
Amor é a grande razão da
vida,
O enorme sentido da
existência.
Deixemo-nos contaminar
e contagiar pelo amor.
Façamos do amor o bem
mais sublime.
E, se tivermos que morrer
de amor,
Saberemos, ao menos,

que a missão mais difícil e
nobre
da existência foi
cumprida:
Amamos!

Amor, restaurador

(Marriete Araújo)

O amor é restaurador.
é entender que ninguém é
perfeito,
saber que, mesmo nos
limites,
e falhas humanas,
o amor sobrepõe qualquer
obstáculo.
O amor é forte e corajoso,
não desiste,
não para ante as
dificuldades.
Amar é saber que em
rosas,
mesmo nas mais belas,
há espinhos e que,
mesmo nas mais simples,
há perfumes.
Amar é saber que o outro
é incompleto,
e que o ser que ama, tem
fissuras.

É respeitar a
singularidade do outro.
É equação sem lógica:
soma, diminui, divide
para multiplicar.
Quando você encontrar
alguém
que queira te amar,
observe bem
e não deixe passar.
Isso é raro.
Se perceber que o amor
chegou para você:
Receba.
Amar é também se deixar
ser amado.
É cuidar e se deixar ser
cuidado.
O amor restaura a dor.

Aquilo que nos torna um

(Marriete Araújo)

Nossas limitações
e imperfeições são o que
nos assemelham.
Há, na fragilidade, algo
que nos aproxima.
Neste mundo
em que padrões definem
comportamentos,
é o erro que nos torna
humanos iguais.
Neste mundo
em que crenças nos
obrigam a ser fortes,
é a fraqueza que nos une
nas semelhanças.
Melhor seria reconhecer
nossa pequenez
diante das incertezas da
vida:
frustrações,
impotência,
desamparo.

Melhor seria superar os
estereótipos
de força ilimitada
Nesse mundo concreto,
duro,
cruel,
rústico,
preconceituoso,
discriminatório,
é raro poder ser
aquilo que se deseja ser.
A vida propõe que
sejamos verdade,
revela que há em nós bem
e mal,
que há tropeços
e não somos infalíveis.
Os limites da existência,
nos torna um,
mas tem seu avesso:
é quando somos frágeis,
impotentes, errantes...
que podemos reconhecer,
com humildade,
nossa condição humana
de iguais nas diferenças

e seguir nossa missão
de fazer a vida ser melhor,
do jeito que der.
Viver consiste em
desacertos,
que podem nos ensinar
a conseguir certos acertos
que nos tornam um.

Arraigado

(Marriete Araújo)

Preso em tua liberdade.
Foge-te de mim.
Se não me queres nos
braços.
Corre longe!
Não me queiras ocultar
em tua redoma.
Cansa o peito, exaustiva
fuga.
Pesadelo em leito se te
lembro.
Passa a vez e aceita tua
imprecisão.
Não culpa por aquilo que
te cabe.
Segue tua trama, livre das
garras alheias.
Acorrenta-te em tuas
ideologias protocolizadas.
Encarcerado em teus
medos.

Vazio da solidão que te
apraz e te escolheu.
Não me queiras em teus
segredos.
Não me esconderei por ti.
Passa-te adiante vivendo
do regresso.
Não estás aqui.
É num tempo longe que
vives remoendo o que não
fez.
Voltas a fazer. Erros
reincidentes. Evidentes.
Foges de mim.
Não me esconderei.
Esconde-te tu.
Saberei aonde vai, não
irei.
Muda! Fico aqui.
Não me escondo.
E tu somente foges!

Bobeira

(Marriete Araújo)

Bobeira se privar,
esconder,
esfriar,
não amar.
Receio tão bravo de se
doar.
Besteira não intensificar.
Viver mais ou menos,
amar mais ou menos,
canseira.
A vida é só essa aqui
e passa ligeiro.
Às vezes nem passa.
É roubada sem avisar.
Então para quê poupar?
No final a gente nem sai
vivo mesmo.
Viver é agora.
O resto é bobeira.

Colo cedido

(Marriete Araújo)

Quando se oferece um
colo
não é com nenhuma outra
intenção
do que a de ser remédio
para um coração cansado
das demandas do dia.
Dar colo é emprestar seu
braço para o aconchego
da alma,
é ser amor sem precisar
dizer nada,
apenas zelar.
A mão que afaga a cabeça
é capaz de entender um
pensamento.
A mesma mão que
acarinha um rosto
é capaz de tocar sorrisos.
O colo que abraça
e deixa o corpo repousar
quietinho,

diz muitas coisas,
sem precisar falar uma só
palavra.
Colo cedido,
cala a voz,
fala no silêncio.

Com o tempo

(Marriete Araújo)

Com o tempo aprendemos
ser mais ternos,
a ser doçura em meio às
pessoas amargas,
a ser serenidade que nos
salva e salva os outros,
Com o tempo entendemos
que o amor
ainda é um grande, senão,
o melhor remédio,
apreciamos com calma
uma boa companhia,
olhamos as pessoas com
detalhe,
somos mais simples e
menos ranzinzas ou
rancorosos.
Com o tempo sabemos
que o que mais importa
são as sementes que
plantamos,
as pessoas que cultivamos

e o amor que deixamos.
Com o tempo percebemos
que todo o resto
é muito passageiro e
muito efêmero,
que o que levamos
e o que deixamos
é o amor,
puro, singular.
Com o tempo sentimos
que só o amor
é tão eficaz em
transformar o caos.
Com o tempo...

De afiar a dor

(Marriete Araújo)

Este ano foi
desafiador.
De afiar a dor.
De sorver a aguda
incerteza
em doses leves de
um dia após o
outro.
Um ano
desmotivador.
Aprender a não
motivar dor.
Superação.
Esperar, ação.
Dúvida,
medo,
anseio.
Vontade de viver,
de curar tanta
gente,
de chorar tantas
perdas.

Força para
levantar,
e ver que ainda
temos um percurso
a realizar.
Força para cuidar
do outro,
se recolher para
poupar o outro.
Amar o outro para
sobreviver.
Cuidar do próximo
para não deixar
morrer.
Não abraçar por
amor, fez doer.
Não beijar por
amor, fez sofrer.
Mas se afastar por
amor
fez florescer a
esperança.
Dias melhores.
Aprendemos a
valorizar a
presença.

O abraço apertado
fez falta demais,
e ainda faz.
Ano que nos fez
olhar para dentro
de nós
e notar que não há
classe social,
não há cor de pele,
não há pequeno ou
grande.
Todos iguais diante
da pandemia.
Todos potenciais
vulneráveis.
Ano que nos deu a
chance
de perceber que
superar dores
nos faz mais fortes
do que podíamos
supor.
Ano de afiar a dor.
Deixar a dor.
Sobrepor por amor.

Ano que registra
em cada um
a igualdade frágil
que revela em cada
um
a maior
necessidade
humana:
A gente vive só
porque ama.
E só doses de amor
curam vidas.
Ano desafiador.
Nos desafiou a ver
outro humano igual
a nós.
Desafiador.
Nos mostrou a
sutileza da vida
e o sopro do adeus.
De afiar a dor.
Nos deu a chance
de nos
humanizarmos
mais.
Desafiou a ciência

e trouxe em si a
certeza de que
o melhor da vida é
o Ser.
Amor ao Ser.

Depoimento

(Marriete Araújo)

Ei, moça.
Você sonhou?
Eu lembro dos dias em
que sonhei, e sonho.
Ainda quando pequena,
Sonhava e transformava
meus sonhos
em castelos de areia.
Eu sonhava em ser uma
princesa que usa farda.
Eu sonhava em levar
minha mãe em um
restaurante,
comprar um presente
bom para ela.
Em minha infância,
escassa de luxo,
mas farta de amor,
meu pai e minha mãe,
me deram algo que não se
compra.

Eles me permitiram
sonhar,
E me amaram demais.
E me ensinaram que amor
e justiça andam de mãos
dadas.
Suspeito que a dose de
amor transbordou o copo.
Aí eu derramei amor
e decidi lutar por justiça
E sonhei em escrever.
Sabe moça, quando eu te
vejo correndo para dar
conta de tudo,
para ajudar todo mundo,
eu penso que você sonha
só quando dorme.
Mas gostaria, se me
permitir,
de dizer que eu também
sonho acordada.
Sabe aquela profissão
desafiadora, que você
queria,
e alguém falou algo
negativo,

desdenhando seu sonho,
com ressentimento,
só para apagar a luz da
sua esperança?
Palavras sem sentido que
te levaram a pensar:
"Acorda, Alice. Isso não é
para você!"
Errado!
É, sim!
Você ainda pode sonhar,
moça.
E eu vou te dizer, como
disse Riobaldo:
"O que a vida exige da
gente é coragem!".
E é preciso muita coragem
para sonhar acordada,
para re-encantar a vida,
para ser feliz na fantasia,
para continuar a crer em
dias mais coloridos,
para derramar amor e
justiça
e lutar para realizar os
desejos.

Eu sonhei em ser uma
agente da Polícia.
Sabe o que muitos me
diziam?
- "Não é seu perfil.
Tem de ser dura
para andar com arma na
cintura".
Quanta insensatez.
Quantas palavras vazias.
Ouvi e não disse nada.
Não valia a pena.
Em minha alma, ao
contrário,
o sonho gritava mais
forte.
Sabe moça, o que o sonho
me dizia?
Ele dizia assim:
"É, sim, meu perfil.
Tem de ser mole para se
dobrar sem quebrar.
Tem de ser como um
bambu, maleável.
Enverga, mas não
quebra."

Aí eu dei razão ao que o
sonho me falava.
Não precisava ser dura.
O que é duro demais não
flexiona,
se aperta e quebra.
Não tem resiliência.
Eu entendi.
Era preciso ser fluída
como água,
que vê o obstáculo e não
para.
Contorna e segue rio
abaixo.
Vira mar ao desaguar.
Por isso, moça,
se posso te dizer algo que
aprendi na vida,
eu digo que você pode – e
deve, sonhar.
Tenha o coração mole.
Dê razão a seu sonho.
Concorde com ele.
Se ele grita dentro de você
É porque você pode.
Sonha, moça.

Então, a moça acreditou.
E permitiu o sonho voar
além de sua imaginação.
Ela se tornou uma
policial.
Anda fardada, como fada,
com arma na cintura.
A moça que sonhou,
sempre amou escrever:
Poesias, crônicas,
contos, cartas, diários,
bilhetes e até relatórios.
Agora vai continuar a
escrever
sobre os sofrimentos e as
esperanças
em uma delegacia de
polícia
e continuar a esparramar
amor e justiça
Ela é Escrivã de Polícia.
Sabe, moça,
a moça sonhadora sou Eu.

Ditos

(Marriete Araújo)

Essa história de ficar
guardando tudo,
de se fazer de hiper forte,
de não poder chorar
para não demonstrar
fragilidade...
Esse negócio de não poder
falar o que sente,
de não poder sentir raiva,
de se fazer sereno o tempo
todo...
para demonstrar
equilíbrio...
Todo esse sentimento
engasgado
é tão perigoso,
tão cruel com a alma,
destruidor da nossa
humanidade.
É preciso falar de nós,
falar das dores,
e dos amores,

falar o que sente,
se deixar ser gente...
Não se pode esconder
tudo
e ir se sufocando,
adoecendo,
se matando por dentro.
É necessário se deixar
sentir.
É imprescindível falar,
desabafar,
tirar o nó da garganta,
liberar os sentidos.
É preciso se permitir
Sentir,
dizer,
dividir.
O sentimento vivido
se for não-dito
se torna mal-dito.
Bem-dito seja
a liberdade,
o direito
e o poder
do sentir e do falar!

É agora, José!

(Para Drummond*)

(Marriete Araújo)

Um brinde à vida, José!
Não por nada surreal
que tenhas te ocorrido no
dia de hoje.
Apenas uma celebração à
vida.
Tu, que tens nome, José,
não espera datas
específicas para celebrar,
nem inspirações para
fazer versos.
Sabes o mais importante e
milagroso que a vida te
dá?
É o agora, José.
Amanhã não o tens.
O ontem não mais.
Tão somente o aqui e o
agora, José.

Te atreve a viver no
momento presente.
Sabe aquela roupa
especial que estás
guardando para uma hora
de festa?
Veste-te agora de alegria
e, mesmo sem sair de
casa, coloca tua música
favorita, e dança.
Dança na vida.
Quem nunca dançou?
Em passos leves e em
grandes tropeços?
Tu já dançaste, José?
Tu podes amar e protestar
dançando e perdendo.
A utopia não acabou,
José.
Lembras que pensavas em
viajar no próximo verão?
Isso há alguns anos.
O verão chegou,
veio a doença, a grana
falhou, a vontade sumiu.
Não viajaste, José.

Por que não vais hoje?
Não subtraias momentos
contentes.
Aprecia cada dia.
A porta está aberta, José.
Cada dia que tu ganhas é
um presente.
Não apenas algo
embrulhado no papel.
Esse dia de hoje é,
literalmente, presente.
Nem é passado e nem é
futuro. É presente.
Aceita o presente, com
fome, José.
O dia, clareou,
A memória chegou,
Aprende com ela.
O mar está em ti para
lembrar.
Não precisas esperar uma
semana
para dizer que sentes a
água em tua pele.
Tu não estás sozinho,
José, sem carinho.

Se tens saudade hoje,
diz hoje, liga hoje,
conversa hoje.
Vive hoje.
Nada acabou, José.
Partilha a vida,
Dá um beijo e um abraço,
Vai almoçar fora numa
segunda.
A noite está bela, José.
Não cai na rotina de adiar
teus sonhos, tuas alegrias
teu grito de amor.
Dá risada dessas tuas
mancadas,
pega teu cavalo alado,
e marcha sem levar tão à
risca seus erros.
Não sê um ninguém,
carrasco de ti mesmo.
Ousa errar.
Tu tens a chave para
aprender.
Sabes, José,
Tu tens o direito de estar
cansado,

e de encontrar apoio para
repousar,
e de ficar à toa, pensando,
só tu, contigo mesmo,
jejuando um silêncio
febril em tua mente,
respirando fundo,
de olhos fechados
e de coração aberto.
O que tu viste, José?
Que a vida está voando.
E que de nada vale querer
apressar tudo,
adiantar o processo,
antecipar o futuro
e não saber viver hoje.
Ah, José.
Só tu sabes o valor desse
dia,
a força de não perder um
só minuto,
ansiando o amanhã,
temendo a morte,
remoendo o ontem.
Espalha carinho, José.

Sê inteiro em cada
momento.
É o que tens, no agora.
Escuta alguém de
verdade.
Olha no olho,
dá atenção,
sem ódio,
incoerência,
te importa com tudo,
Enxerga as minas de luz,
que te convidam a brilhar.
Hoje o dia amanheceu
para ti.
Um brinde.
Haverá um dia em que o
dia irá amanhecer para ti,
Mas tu não amanhecerás
para ele.
Então, um brinde à vida
enquanto há vida em ti.
É agora, José!
Agora!

* DRUMMOND, "José"

Empatia

(Marriete Araújo)

Para saber onde o seu calo
aperta
não basta calçar seus
sapatos.
Seria preciso também ter
seus pés.
Saber os passos que você
andou,
cada pedra que pisou,
tropeção que sofreu.
Precisaria andar meia
légua no seu lugar,
ou ao menos ao seu lado.
Caso contrário, eu poderia
incorrer no grotesco erro
de censurar você por
aquilo que vejo ou sinto,
sendo injusta por não
saber, de fato,
o que se passa com você.
Se eu pudesse, algum dia,
com seus pés e sapatos,

caminhar por você,
algumas horas,
talvez eu pudesse
entender, sem julgar,
onde a vida aperta você!
Aí, sim, eu saberia um
pouco mais sobre você.
O espaço sagrado e
impenetrável do coração
alheio
só quem pode
compreender, sentir ou
perceber
é quem se permite, por
empatia e amor,
andar com os passos
cansados de alguém.
Assim é possível se
colocar no lugar dele.
Aí, desapertar os sapatos,
passar algum remédio
naquela ferida calejada.
Desatar o nó.
Somente quando nos
permitimos sentir com o
outro

é que podemos, com amor
e cuidado, aliviar uma
dor.
A vida é sobre quem está
caminhando ao nosso
lado.
Sobre quem se deixa, por
amor, sentir junto,
inspirar junto – co-
inspirar – conspirar.
Onde a vida lhe aperta, ela
me aperta.
E só e somente quando eu
me permito ser uma parte
sua
e você uma parte minha.
A isso chamamos de
empatia.

Encontros

(Marriete Araújo)

A vida é curta demais
para adiarmos os
encontros.
Estar na presença das
pessoas
é uma grande dádiva
neste tempo de relações
virtuais,
superficiais
e artificiais.
Eu aprecio,
os abraços palpáveis.
as falas partilhadas,
a escuta atenta,
os toques na alma.
Saia mais ao encontro das
pessoas.
Viva de forma mais real
as graças que a vida traz,
antes que o sopro de vida
leve alguém de quem você

só tenha lembranças
virtuais.
A vida é curta.
Encontre quem você ama.
Curta!

Enigma

(Marriete Araújo)

Não sei se me orgulha
ou me desaponta
este amadurecimento que,
subitamente,
me roubou de mim.

Entendimento

(Marriete Araújo)

A gente perde, muito,
por falta de diálogo,
por deduzir ao invés de
esclarecer,
por inferir ao invés de
perguntar.
A gente perde, mais,
por julgar ao invés de
compreender,
por guardar rancor ao
invés de perdoar,
por orgulho, ao invés de
humildade.
A gente perde, perda
maior,
por falta de amor
e de compaixão.
A gente perde, sem
limites,
por não entender
o que é preciso perder.

Eu e você

(Marriete Araújo)

Eu e você,
somos um só
na plenitude da raça
humana,
na ligação de alma,
espírito e corpo.
Somos partícula desse
todo chamado
UNIVERSO
e preenchemos, de
alguma forma, os espaços
que habitamos.
Homem e mulher, em sua
complementaridade,
fazemos rodar a força
motora da vida.
Luz nos olhos,
paz na voz,
amor nos gestos,
respeito à essência
individual.
Amor, luz, paz!

Somos cocriadores da
nossa história
e temos a capacidade
única
de mover tudo em prol do
bem,
da energia vital e dos
sonhos.
Cada lugar que vamos,
estamos, passamos
nos torna pertencentes da
vida
e, a partir disso, podemos,
também,
transformar a história de
alguém:
partilhando,
somando,
ensinando e, sobretudo,
aprendendo.
Somos parte dessa
engrenagem,
todos somam,
todos irradiam
e transcendem.
A calmaria por fora

e agitação por dentro,
a motivação por fora
e força por dentro.
A voz que encanta.
Silêncio perto
e só importa ouvir.
Somos parte do todo da
vida,
e somos, ao mesmo
tempo, Um.

Eu, a criança no sinal

(Marriete Araújo)

A gente não se encontra
ao acaso,
tampouco se escolhe por
acaso.
As conexões acontecem
naturalmente,
seja por qualquer
semelhança,
ou ideias afins.
Hoje o mundo anda mal.
E nem sei se em alguma
época andou bem.
Não se pode se ater às
notícias
se se quiser tentar manter
um pouco de sanidade.
Quando a gente sai à rua o
que se vê é o lado avesso
da cidade.
Hoje doeu ver uma
criança no sinal.
Vi tanta vida nela,

tantos sonhos existem ali,
tantos talentos nunca
explorados,
tanta dor da necessidade,
tanto desejo abortado,
tanta vulnerabilidade
imposta por esse sistema
falido.
O universo é parte de
mim, também,
ele faz parte do todo e, de
alguma forma, forte,
ele toca e afeta o mundo
da vida.
Talvez eu não tenha a
visto, ou tenha a
ignorado, diversas vezes.
Mas hoje eu vi.
Fiquei com vergonha de
mim mesma.
De alguma forma, eu não
a enxerguei,

pois não pude fazer nada
que de fato impactasse a
vida dela. Talvez, só
talvez, as migalhas da
minha dor
e da minha indignação
possam me fazer ser mais
que uma partícula no
universo e,
fazendo qualquer pouco
que seja,
eu possa mudar a história
de alguém,
dessa criança, quem sabe.
Poderia ser eu, ali no
sinal, ou algum dos meus.
Minha impotência diante
disso me inquietou
bastante.
Se somos feitos da mesma
matéria,
por que as cenas são tão
diferentes?
A dor que eu sinto escorre
nos olhos,

mas é represa que muitas
vezes não passa de mim.
O sorriso da criança ainda
está na minha memória.
Na lembrança de tanta
vivacidade,
ela me ensinou,
em poucos minutos
a olhar a vida com mais
gratidão – e solidão.
Estava ali, indignamente
com dignidade ganhando
o pão;
Dizem que todo trabalho é
digno, nesse país,
não importa a condição.
Será?
Tive a graça de passar,
naquele momento,
e ver uma cena
impactante,
resultado de um sistema
deplorável.
Não me perguntem a
razão,

Mas senti que eu fui capaz
de mudar algo na vida do
garoto.
Só de estar ali,
só existir,
a experiência mudou a
minha vida pois,
sendo semelhante a mim,
quando meus olhos
fitaram nela,
a vida tocou em mim.
A criança tocou em mim.
Era eu a criança no sinal.
Era o sinal dessa criança
em mim.

Felicidade

(Marriete Araújo)

Felicidade não é ausência
de dores ao longo do
caminho.
É, sim, aprender que,
apesar das dificuldades,
temos uma estrada a
percorrer,
entender o percurso
e ser grato
por poder andar nele.
Estar em movimento,
lúcidos de que a prova que
enfrentamos
é uma oportunidade de
nos tornarmos
melhores,
mais fortes,
mais gratos
e mais humanos.
Caminhos mais difíceis
nos ensinam

a praticar a generosidade
e,
de vez em quando,
ir morar no lugar do
outro.
As tranqueiras da vida
servem
para nos tornar
empáticos,
humanizados,
felizes.

Há luz em você

(Marriete Araújo)

É esse seu brilho.
Ninguém tira.
Não há como apagar.
Sua serena comunhão
com o mundo
permanece inalterada.
Sua devoção às coisas que
toca.
Brilho que perpassa além
do seu falar.
Missão desafiadora:
Você escolhida!
Escolheu servir,
prestar,
ajudar.
Há luz em você.
Presta contas de sua
vocação,
certa da responsabilidade
que tem.
Agraciada por Deus.
Luz onde passa.

Canta sua melodia.
Sorri uma vida.
Carrega um sonho.
Carrega as baterias.
Vai.
Tem acordes tão lindos.
Acorde e vamos batalhar.
Toca em frente.
Estrada da vida, siga.
Persiga sua vocação.
Você é centelha divina no
mundo.
Muda plantada junto ao
rio.
Muda tudo por onda
passa.
Persiga sua vocação.
Ama sem titubear.
Você que me ensina a ser
grata.
minha eterna gratidão.

Humanidade

(Marriete Araújo)

"Seja só uma alma
humana!
Seja tudo o que for.
É você é a primeira a tocar
vidas.
Seja essa capacidade de
transformar o outro.
E você é aguerrida,
força guerreira de vida!
Que doa vida, que doa
sangue, suor.
Você é abertura de
espaços,
horizontes e sonhos
inimagináveis.
Você sonhou coisas
aparentemente não
realizáveis!
Realizou, acreditou em
pessoas desacreditadas.
Acreditou!

Essa sua força de vida e
luz
Vai desbravando mundos,
abrindo portas por onde
passa,
tocando em frente,
tocando pessoas!
Sempre assim.
Você é impetuosa, tão
gigante.
Não deixou nenhum
momento
de ser humana, simples e
cordial.
Ultrapassa
impossibilidades.
Faz diferença no
Universo.
Carrega em si sonhos
inefáveis!
Ousada, firme, otimista!
Você transcende o
previsível.
Vive sua zona de conforto
e vai além:
conforta corações,

deixa registrada uma
história, um legado.
Você é curso d'água
que rompe o obstáculo
das pedras no caminho!
Segue o curso, segue a
vida!
Alma humana, você, que
toca tantas almas.
Alma rica, fica em nós!
Modifica.
Acredita.
Alma humana.
Humanidade.

Meu melhor

(Marriete Araújo)

E tudo que eu me
propuser a fazer,
eu farei o melhor
e toda minha doação e
energia
serão as maiores.
Disponho o melhor de
mim,
independentemente
de receber algo em
contrapartida
e de ser o melhor do que é
preciso.
Quando se faz de bom
grado
não há que se incomodar
caso encontre ingratidão
ao longo do percurso.
Eu sou responsável pelas
escolhas que faço
e não é o universo que
conspirou

quando algo saiu fora
daquilo que idealizei.
Às vezes, somos nós que
estamos
o tempo todo,
conspirando "contra".
Abramos os olhos
para notar que a vida,
em inúmeras situações,
tem nos entregado algo
muito melhor
do que o que já perdemos.
Como gratidão,
entrego meu melhor,
meu maior,
meu agrado.

Música

(Marriete Araújo)

Música:
eu te escuto,
eu te canto,
te recito,
te falo,
te escrevo.
Música:
eu admiro teu tom,
tua harmonia,
teu embalo
tua calma,
teu agito.
Música:
minha bela,
minha poesia,
minha sinfonia.
Te venero,
te suspiro,
te vivencio,
me declaro.
e grito.

Música:
Me derreto,
me entrego,
me enalteço
e rio.
Música, meu refúgio.
Eu te amo.
Música,
inigualável.

Novo tempo

(Marriete Araújo)

Há um poder imenso na
gratidão,
uma infinita possibilidade
de alcançar o improvável.
Ser grato nos dá a
oportunidade
de receber, com amor,
as dádivas da vida.
Não é preciso reconhecer
apenas eventos
arquitetônicos.
As pequenas e simples
coisas da vida
são dignas de graça.
Assim como nos foi
ensinado:
"Por tudo dai graças".
Novo tempo, seja bem-
vindo.
Vamos vencer.

O Poder da gentileza

(Marriete Araújo)

A contemplação do ser,
corpo, alma e espírito,
nos inquieta acerca do
objetivo da existência
em busca de dar-lhe um
sentido.
Qual seria?
Não podemos desviar da
nossa natureza,
mas sabemos que é
possível, sim,
fazer um contraponto
entre nosso instinto
animal e a necessidade de
viver em sociedade.
Respeitar as diferenças,
acolher as semelhanças,
ser justo com todos,
generoso com os demais,
e amorosos.

Apesar de nossa busca
incessante pela liberdade
natural,
a que nos foi tirada
quando nos desgarramos
do nosso lado mais
primitivo,
nos proporciona, também,
a opção de escolher,
de mudar cenários
e de sobrepor situações
conflitantes.
Temos como "privilégio"
em relação aos outros
animais
que têm, além de seus
instintos pré-
determinados e fixos,
a condição de seres
sencientes.
Temos a capacidade de
mudar,
transformar situações
e pensar em estratégias
que possam minimizar o
sofrimento

e, também, potencializar o
desejo pela vida.
O ser humano tem o
poder de improvisar
e é considerado,
equivocadamente, o
dominador da natureza.
Nada mais arrogante que
essa concepção.
Somos parte da natureza
E temos a
responsabilidade de
preservá-la,
de buscar o equilíbrio
entre nossa capacidade
consciente
e o poder destrutivo,
mesmo que inconsciente.
Usando daquilo que há de
melhor dentro de nós
somos capazes de facilitar
a vida de alguém
e de respeitar os outros
seres da criação.
Praticando, sempre que
nos for possível,

o cuidado com o outro,
todo este outro que faz
parte da natureza.
Há poder na gentileza.
Podemos fazer com que o
outro,
todo outro ser vivo,
tenha vida com mais
qualidade,
a partir do ponto em que
decidimos
diminuir nosso conforto
egoísta
em benefício desse outro.
Talvez esse seja o sentido
louvável de nossa
existência aqui.
Somos feitos para
colaborar
e facilitar com vida de
alguém,
e preservar todos os seres
sencientes.
Quando entendemos que
todos são iguais
no direito à dignidade

e diferentes no direito à
singularidade,
afirmamos a
materialidade e a
composição da vida:
o ser, o corpo, a alma e o
espírito,
O poder da gentileza está
em fazer o ciclo girar
em direção à sororidade e
a solidariedade.
Cada ato nosso, por
menor que seja,
afeta toda a natureza
e volta, de alguma forma,
para nós.
A gentileza com que
tocamos a vida
Faz a vida nos tocar com
leveza.

Para além da regência

(Marriete Araújo)

(Aos servidores readaptados,
por questões de saúde, na
Secretaria de Estado de
Educação do Distrito Federal)

E de repente eu parei e
reparei que muita coisa
mudou.
Eu não perdi nenhuma
habilidade,
mas me readaptei, me
reinventei.
Um gesto além do que eu
imaginava poder trilhar,
fazer, repensar.
Para além da regência
tem:
projeto, pensamento,
magia e poema.
Tem amor em cada ação
que faço
e sutileza nos detalhes.

Foi preciso desacelerar,
para ir além do limite.
Para além da regência
também me leva além dos
ideais imagináveis.
Agora, posso dançar,
tocar, fazer horta, criar,
inovar, projetar e me
envolver com o espaço do
outro.
Sou capaz de sobrepor
minhas expectativas e sou
vivo.
Há muito que posso
revelar.
Eu rejo meus projetos,
sou uma imensidão de
mar,
vou levando ondas de
impulso onde passo e,
com meu ímpeto e desejo
de mudar,
eu toco almas, vou além.
Readapto, reajo, revejo
meus conceitos

e vejo que sou partícula
que se soma ao Universo.
Para além da sala, vejo
vidas em formação
e eu formo, informo,
coopero.
Para além da regência
há um mundo paralelo
repleto de anseios
e vidas para impactar.
Aqui, desse lado,
eu também sou apto a
reger minhas novas
atribuições:
Eu estou para Além da
regência.

Passa dias

(Marriete Araújo)

Nosso corpo envelhece
e os cabelos
embranquecem
na medida inversamente
proporcional
à nossa alma e ao espírito.
Quando os anos se
alargam
e nossos olhos cansam
ligeiro
e o passa dia avança,
nossa alma volta a correr
e dançar como criança.

Persistir

(Marriete Araújo)

Quando você se imagina
adiante,
desenha o seu caminho
e firma seus alicerces,
é fato que se encontrará
barreiras,
lutas tão logo se comece a
jornada
e espinhos que tentam
impedir de persistir.
Nesses momentos,
lembre-se
que o futuro é promissor
quando se sonha alto,
e que planos ousados
requerem esforços
e, sobretudo, confiança.
Saiba que o amanhã é
grandioso
para os que ousam.
Se você deve perseguir os
sonhos ardilosamente,

fielmente,
pujantemente,
embora trabalhosos sejam
os desígnios,
a recompensa é condigna
e valorosa.
Não desista.

Porto Seguro

(Marriete Araújo)

Amigos são porto seguro,
são nossos repousos
quando estamos
cansados.
Amigos nos entendem,
nos ajudam,
ouvem atentamente
nossas queixas
e nos acalmam.
Sabem que nós falhamos,
que a perfeição humana
não existe.
Ao lado dos amigos
podemos nos despir de
qualquer vaidade,
armadura, orgulho ou
fardo.
Podemos ser nós mesmos,
com direito a errar e
consertar,
com direito de rasgar
nossa alma,

de chorar, de ficar frágeis
sem ninguém nos julgar.
Os amigos oram por nós,
cuidam das nossas feridas
quando estamos doentes
por dentro.
Amigos nos aconselham,
nos corrigem,
nos confortam, nos
amam.
Ao lado deles podemos ser
nós mesmos,
sem reservas, sem receio,
sem medos.
Podemos ser excesso ou
escassez.
Podemos nos retirar do
ego e simplesmente viver
porque amigos são
extensão de nós, do que
sentimos.
São versão humana como
nós
E, nessa humanidade,
podemos ser uno,

inabaláveis e
indestrutíveis,
pois tornamo-nos um.
Mais fortes. Mas firmes.
Amigos são amigos.

Posso escrever um poema para você...

(Marriete Araújo)

Posso oferecer um chá e
um papo leve e
descontraído?
Conversar das coisas
simples da vida,
mas que são importantes
sobremaneira!
Aquelas rosas plantadas
em nosso jardim,
aquelas risadas gostosas
falando da vida e de vida.
Quando andamos cedinho
e o vento sopra nosso
rosto
Temos a certeza de que
Deus passa por nós,
vive e permanece em nós
e em cada detalhe da
criação.
Somos parte de tudo isso.

O mundo brilha por onde
passamos!
Cada ser é importante,
não apenas para mim,
cada um é importante
aqui.
Deus desenhou cada um,
colocou cada
característica.
Ele não se poupou em te
encher de graça e de luz.
Posso escrever algo para
você?
Um poema, talvez.
Mas vou te contar um
segredo:
Minha escrita é só uma
desculpa para dizer:
você é importante para
mim.
Você é importante aqui!

Quando o amor nos alcança

(Marriete Araújo)

Quando se fala em amor,
todas as vozes se
silenciam
dando lugar à paz que
repousa n'alma.
Amar é além de vaidade
ou ego.
É singularidade e
simplicidade,
um cuidado desprovido de
ciúme ou possessão.
É viver de mente leve e
coração seguro.
Amor, entrega completa,
sem nada pedir, nada
perder.
Quando ele encontra
nossa alma,
é amplitude do Ser em ter.

Raio de luz

(Marriete Araújo)

Em minhas manhãs,
aurora.
Por de sol em minhas
tardes.
Você colore meus dias,
me inunda,
transcende,
transborda.
Que olhos tão brilhantes,
atentos que a tudo vê.
Que mãos tão lindas,
que me toca com ternura.
Quanta beleza há no
abraço,
que me enlaça no
aconchego.
Que sorriso leve em seu
rosto,
tão imenso, a contagiar.
Você é uma imensa
vontade de estar,
permanecer,

continuar.
Cada "agora" que vivemos
- pois só temos o hoje –
me revela algo mais,
algo a aprender,
tecer.
Cada semente plantada ao caminho
trará sombra e frutos.
E viver é isso.
À espera do amanhã,
vivendo, o agora,
intensamente... o agora.
Raio de luz para mim é
você.

Re-comece

(Marriete Araújo)

A vida é isso mesmo:
Re-começar!
Quantas vezes, exausto,
Você já teve vontade de
parar,
Andar de (ré)começar?
Não desista.
Evolua em momentos de
crise.
Em cada nova situação,
nova é a chance de se re-
inventar,
se fortalecer,
se re-equilibrar,
evoluir,
serenar.
Desistir, jamais!
Sim, somos falhos,
temos momentos de
maior fragilidade,
inibição, e, até mesmo,
desespero.

Levante-se!
Re-comece!
Procure entender o
momento
e aprenda com ele.
Cuide de sua casa interior.
Re-forme suas emoções
Sare sua alma.
Só é capaz de curar o
outro
quem cura a si mesmo.
Entender nossas mazelas
e nossas fraquezas
é o primeiro passo
para sabermos viver
nos momentos de tensão.
Se ame,
se respeite,
se perdoe,
se conheça,
se entenda.
Re-comece sempre que
precisar.
A vida é re-começar.

Se essas ruas fossem minhas...

(Marriete Araújo)

Nas mazelas da vida.
Ouve-se seu lamento.
Sua dor e medo
reprimido.
Nas esquinas de uma rua
qualquer.
Há pequenos, há crimes,
exploração e pó.
Em becos escuros e frios.
Tão sombria a solidão das
calçadas.
Tão frios os bancos de
uma praça qualquer.
Há fome desse lado da
cidade.
Há guerra nos palácios:
da Alvorada e do Planalto.
Há um grito de socorro
nas vias da favela.

Um som estridente ecoa
de uma barriga sem
comida.
Há muito choro nessas
linhas da vida.
Há alguma esperança no
olhar de uma criança?
Preciso de uma dose forte
de qualquer bebida.
(Para acreditar na vida.)
É um escape.
Um subterfúgio para vida.
Dolorida.
Não a minha, todavia, a
do morador de rua.
Se o país é rico e tão
enormemente
vasto de terra, plantas, de
gado, frutas...
e tudo que se planta dá,
por que não dá conta da
miséria de seus próprios
filhos,
órfãos de terra e sem de
pão?

Por que a grande riqueza
dessas minas Brasil
estão fechadas em poucas
mãos?
Não as das crianças
sofridas, muitas vezes sem
um grão.
E o país segue rico,
milionário exportando
muitos grãos.
Aqui dentro da fronteira
dessa terra tão comprida
ainda existe muita gente
carente de casa, de chão e
de comida.
De coisa digna.
Pois no seio dessa terra
restam ainda muitas
vidas.
Às duras penas,
sobrevividas.

Sentir, sentido

(Marriete Araújo)

Passa-se uma história
tentando entender o
sentido da vida.
Todavia, basta que se
entenda o propósito.
Vida com propósito tem
sentido. Tem sentido?
Você tem sentido a vida?
Sinta. Sinta. Sinta...
O segredo é estar
sentindo.
Está sentindo?
as dores, as lutas,
as frustrações,
as raivas, os estresses,
as alegrias, as euforias,
o agitar do vento no rosto,
sentir...
Está sentindo essa brisa
nos cabelos?
O que mais você tem
sentido?

Sua emoção a flor da pele
ou apenas apatia diante
da impotência constante?
Existe algum propósito
nessa estadia aqui.
Estamos emprestados.
Sentindo, sentindo.
Sinta a vida.
Tem sentido?
Sinta.
Estou sentindo.
O que você sente, eu estou
sentindo.
Porque somos energia que
toca o outro.
Se tenho o propósito de
amenizar sua dor,
de levar alguma alegria,
isso faz sentido.
Já que quando você sente,
eu sinto.
Tenho sentido.
Nós temos sentido a vida.
Sentindo.
Sentindo faz todo sentido.

Servir

(Marriete Araújo)

Tenhamos a capacidade
de enxergar a grandeza
que há em servir.
Quando servimos,
estamos mostrando ao
outro quão importante e
valorizado ele é, quão
humano o consideremos.
Servir, com sinceridade,
vai além de revelar ao
outro
o amor que temos na
disposição de doar.
Servir: diz mais sobre nós
e nos acrescenta a dádiva
de ser a mão que toca uma
alma
e os braços que ajudam
aliviar algum cansaço.
Servir ao outro é servir a
si mesmo.

Só há amor no mundo

(Marriete Araújo)

De fato e de real, só o
amor há.
Qualquer dominação, ou
posse é fora do amor.
A necessidade de amor e
pertencimento é nata nas
pessoas.
Precisamos sentir o afago,
o afeto e o cuidado.
Só se pode partilhar de
forma sincera, límpida e
genuína
as emoções quando se
experimentou a essência
do amor.
Primeiro o amor do
Criador por cada criatura.
Depois, o amor por nossos
pares, todos irmãos.
A urgência de amar e ser
amado é como fome ou
sede.

Não se pode adiar
para não adoecer, nem
endoidecer.
Nossa alma é composta de
diversas porções de
amorosidade.
Quando há escassez de
amor,
abate-se o espírito, o
corpo padece.
É como se o amor fosse a
soma de todas as fontes
de energia.
E, de fato, é.
Todas as vitaminas,
nutrientes de que se
compõem o físico.
Muitas vezes o amor
existe,
mas não se sabe
expressar, fica escondido.
Em outras situações, fica
bem clara a sua ausência.
Em ambas as condições
não se pode explicar,
definidamente,

os efeitos colaterais da
não aparição do amor e do
desamor.
Notam-se alguns sinais,
todavia:
insegurança,
medo,
excesso de autodefesa,
ego insuflado,
e falso self...
Outros efeitos
indesejados:
ciúmes,
posse,
controle,
cobiça,
disputa...
E o Irremediável ódio,
a corrosiva mágoa
e a insanidade do rancor
chegam e abafam as
emoções sadias,
impedindo o perdão, via
régia para resgatar o
amor.

Livres estejamos de toda
falta de amor.
Amor - doação
misericordiosa de amar -
é graça.
Expressão Divina em nós.
Amor dado de graça, pois
não se pode precisar o seu
valor.
Não receia perder nada.
Amor é tudo.
Dá o melhor de si.
Não cobra nada, ama,
simplesmente.
Chama à existência o que
acreditamos!
Chama que aquece a vida.
Troca carinhos, segredos,
sonhos!
Não julga, não acha, não
supõe.
Escuta. Predispõe.
Transforma-se em
empatia pura, que cura!

Amor: curso d'água num
rio, não contém sua
torrente.
Passa por tudo. Segue o
caminho.
Tudo toca, tudo inunda.
A tudo dá vida.
Floresce!
Não regra, não detém!
Rega a sequidão de
corações sedentos.
Amor que jorra, passa,
segue seu curso.
Trilha o caminho.
Tudo toca.
Só há amor no mundo?

Sonhe

(Marriete Araújo)

A vida é feita de sonhos.
Uns ousados.
Outros, tão simples.
Você carrega em si
tanta vontade,
tantos desejos,
tantos quereres.
Sonhe!
Se você não sonhar
a vida perderá a razão de
ser.
Não desista de seus
sonhos.
Não confie a quem não
acredita
na sua capacidade de
sonhar
e de realizar o que é
sonhado.
Sonhe alto!
Diga a si mesmo
e a quem você confia

para aonde apontam os
seus sonhos.
Tenha ao seu lado
pessoas que irão te apoiar,
incentivar
e até ajudar
a realizar o que você quer.
A vida é feita desses
sonhos.
Acredite.

Sutileza

(Marriete Araújo)

É preciso saber chegar.
Ter sutileza ao falar,
ser cuidadoso, sem
invadir a individualidade
do outro.
Saber do espaço e do
tempo.
É preciso saber chegar.
Entender que o outro, às
vezes,
necessita de um espaço e
de um tempo para ele.
Saber que se importar e
zelar
não nos dá o direito de
cobrar nada.
É preciso saber chegar.
Quando nos dispomos a
cuidar
tem de ser com
gratuidade e
espontaneidade.

É preciso entender o
outro,
ser um abraço que
conforta,
entender que, nem
sempre,
o outro tem todas as
respostas,
nem sempre pode atender
todas nossas inquietações
e demandas.
É preciso saber chegar,
saber a hora que se pode
ficar
e a hora de sair.
É preciso pedir licença,
dar bom dia,
agradecer,
se desculpar.
É preciso saber chegar.
Não ser invasivo,
indelicado, injusto.
Se praticarmos a empatia
iremos ler o outro
e ter a sensibilidade de ser
leve.

Levar a suavidade onde
passarmos.
É preciso saber chegar.
Saber sair.
Saber amar.

Tempo aprendiz

(Marriete Araújo)

Com o tempo
Aprendemos a achar
lindo,
o olhar do outro.
Admiramos a maneira
bela como caminha,
a forma doce de falar,
o sorriso como sinal de
receptividade:
eu te respeito,
eu te aceito,
eu te acolho
eu te apoio!
Com o tempo
aprendemos,
que o outro,
assim como nós,
tem dias difíceis e dias
calmos:
e respeitamos,
aceitamos,
acolhemos,

apoiamos.
Com o tempo aprendemos
que servir é dádiva
melhor que receber:
ser doce,
leve,
gentil.
Com o tempo aprendemos
que tantas almas só
precisam
de um olhar amoroso,
um ouvido atento.
Aprendemos que
uma só palavra de carinho
pode mudar o dia de
alguém
e, quiçá, uma vida.
Com o tempo aprendemos
que a alegria de viver
é graça que se revela na
simplicidade,
que tem gente
maravilhosa,
que vem a nós,
anjos que visitam nossa
história

Com o tempo aprendemos
que a vida nos mostra
que o amor é o maior
ativador para o
crescimento,
que a transformação do
mundo
começa em nós.
Com o tempo aprendemos
a sermos o verbo amar
e que a vida se encarrega
de devolver o amor
seja lá como for.
Com o tempo aprendemos
com o tempo.

Tolice

(Marriete Araújo)

Às vezes é preciso abrir
mão de certas coisas em
favor de outras.
Quando isso acontece
estamos sendo menos
materialistas, talvez.
Quando temos que abrir
mão de pessoas
estamos sendo tolos,
talvez.
O que há de melhor na
vida não são as coisas que
podemos possuir
e sim as pessoas que
conseguimos conquistar.
Abrir mão de alguém que
amamos é um pouco
como abrir mão
 de nós mesmo.
Tolice, talvez.

Transformação

(Marriete Araújo)

Diante das situações da
vida
pode se melhorar,
acomodar,
piorar,
amargar,
adoçar...
Escolha ser como a
borboleta.
É preciso passar pela
transformação.
Enquanto lagarta não há
admiração.
Quando casulo não se é
lembrando,
é fase de recolhimento,
de preparação,
de decisão.
É um tempo solitário e
individual.
Quando se rompe a
barreira que prende,

quando se passa pelo
processo
- ainda que doloroso-
ele te transforma.
Assim como a borboleta,
você voa, chega a lugares
altos.
Vão te admirar,
dizer quanta leveza
carrega, quanta beleza.
As flores irão te querer,
a natureza te chamará.
muitos irão voar seus
voos,
acreditar em sua audácia,
impulsionar para voos
maiores.
Outros irão reclamar por
serem lagartas,
podem ficar bravos,
ressentidos,
e se sentirem injustiçados:
- Por que você é borboleta
e eu sou o que sou?
Lembre-se, sempre,

que você aceitou e
entendeu o processo.
Sabe que dói,
que é o rumo certo para
ser uma borboleta,
que é a (trans)formação
para poder voar.

Você é poesia.

(Marriete Araújo)

Você é poesia.
Tem versos lindos sobre a
vida,
tem rima,
tem sonhos,
sensibilidade.
Você é poesia,
é prosa,
é conto,
é crônica engraçada.
Sua história que cabe em
um livro,
lindas páginas de vida.
Você é poesia,
é canção,
é sonoridade,
tem notas suaves,
maravilhosas,
tem harmonia, melodia,
sossego para alma,
partitura que, quem ouve,
se encanta, se embala.

Você é poesia,
é paz,
é turbilhão.
Tem um contraponto
entre sua força interior
e seu equilíbrio espiritual.
É um raio de luz que Deus
criou
para iluminar o mundo.
Você é filho da criação,
e tem a imagem do
Criador.
Você é poesia,
é múltiplo,
traz em ti diversos
enredos e contextos,
e tanta história lhe cabe,
tanto amor e tanta
humanidade.
Você é poesia,
é simplicidade
e falhas,
com muita vontade de
fazer o melhor,
de doar os seus dons para
o mundo.

Deus é lindo em você,
um toque divino na alma,
expressão do amor.
Você é poesia,
O Deus poeta está em
você.

Você quer publicar seu e-book?

Uma dica que pode ser interessante para você é que eu posso te dar suporte editorial para publicar seu livro aqui no Kindle da Amazon, seja te auxiliando na formatação dele ou até mesmo fazendo a edição total de seu texto.

Se você estiver interessado, pode entrar em contato comigo:

EDITOR E ORGANIZADOR
Jorge Hamilton Sampaio
MEI: 55.400.491/0001-50

E-MAIL:
Jorge03sampaio@gmail.com

WHATSAPP
61 9 9989 5363